رنگ
جانوروں کے
Animal
Colors
Maria Koran

Animal Colors

اس کتاب میں آپ جانیں گے کہ

In this book, you will learn about

- وہ کیا ہیں
- **what they are**
- وہ کس لیے ہیں
- **what they are for**
- کن جانوروں میں وہ ہوتے ہیں
- **which animals have them**

اور مزید بہت کچھ!

and much more!

جانوروں کے بہت سے مختلف رنگ ہو سکتے ہیں۔ گینڈے کی جلد گھرے سرمئی رنگ کی ہوتی ہے۔

Animals can be many different colors. A rhinoceros has thick gray skin.

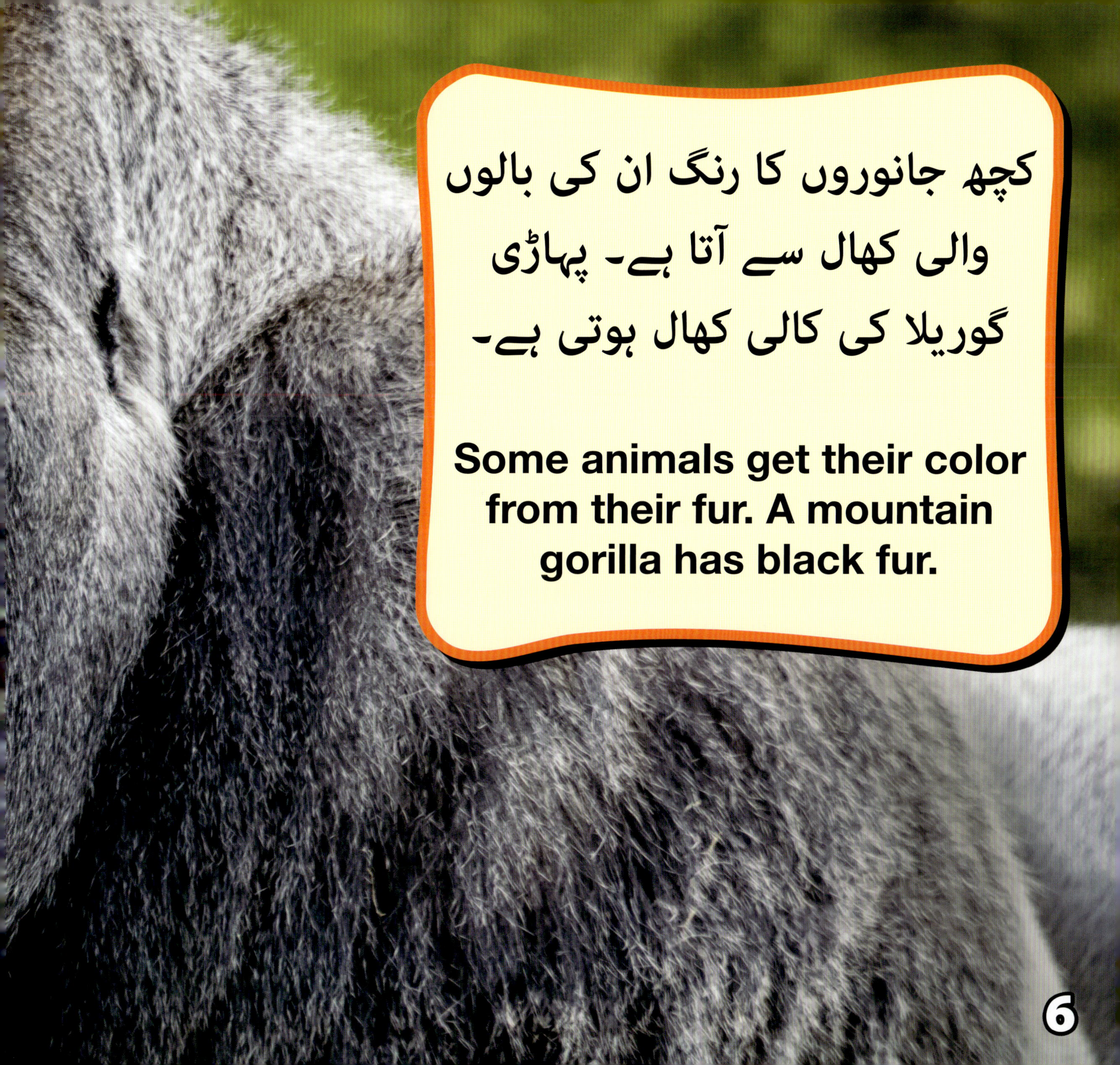

کچھ جانوروں کا رنگ ان کی بالوں
والی کھال سے آتا ہے۔ پہاڑی
گوریلا کی کالی کھال ہوتی ہے۔

Some animals get their color from their fur. A mountain gorilla has black fur.

اورنگوٹان کی کھال نارنجی رنگ کی ہوتی ہے۔ اس کی کھال اس کے تقریباً سارے جسم کو ڈھانپ لیتی ہے۔

An orangutan has orange fur. Its fur covers almost all of its body.

ایک قسم کے جانور کے کئی رنگ ہو سکتے ہیں۔ کالے
ریچھ کی کھال کالی، سرمئی یا بھوری ہو سکتی ہے۔

One kind of animal can have different colors.
Black bears can have black, gray, or brown fur.

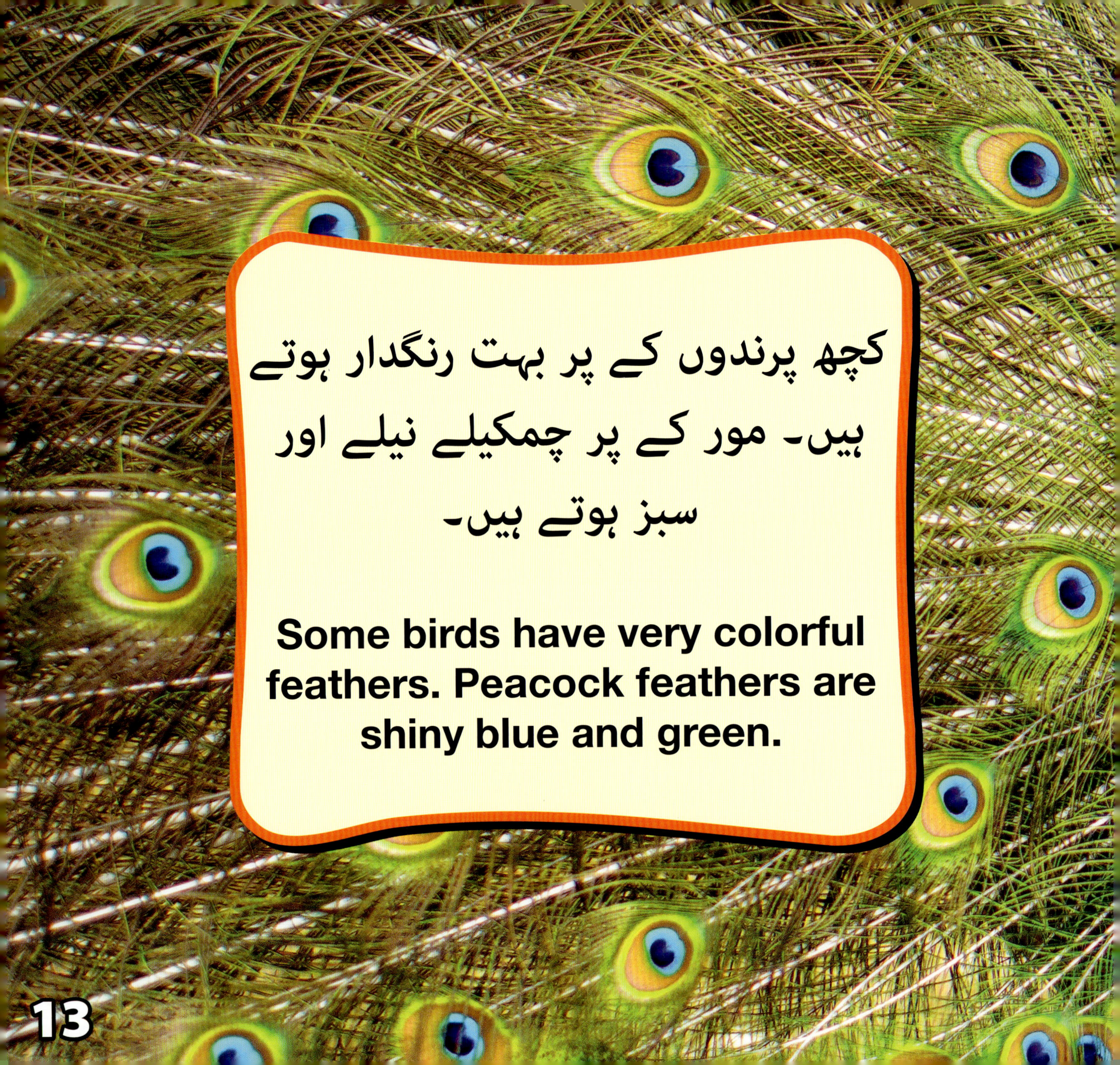

کچھ پرندوں کے پر بہت رنگدار ہوتے ہیں۔ مور کے پر چمکیلے نیلے اور سبز ہوتے ہیں۔

Some birds have very colorful feathers. Peacock feathers are shiny blue and green.

فلیمنگو کے پر گلابی ہوتے ہیں۔ یہ رنگ ان چھوٹے جانوروں سے آتا ہے جنہیں وہ کھاتا ہے۔

A flamingo has pink feathers. The color comes from the small animals it eats.

رنگ کسی جانور کو محفوظ رکھنے میں مدد کر سکتے
ہیں۔ اگوانا سبز رنگ کا ہوتا ہے۔
یہ رنگ اسے پودوں میں چھپنے میں مدد کرتا ہے۔

Colors can help an animal stay safe. An iguana is green. This color helps it hide in plants.

لیڈی بگ سرخ اور کالی ہوتی ہے۔
اس کا چمکیلا رنگ دوسرے جانوروں
کو بتاتا ہے کہ اس کا ذائقہ برا ہے۔

**A ladybug is red and black.
Its bright color lets other
animals know it tastes bad.**

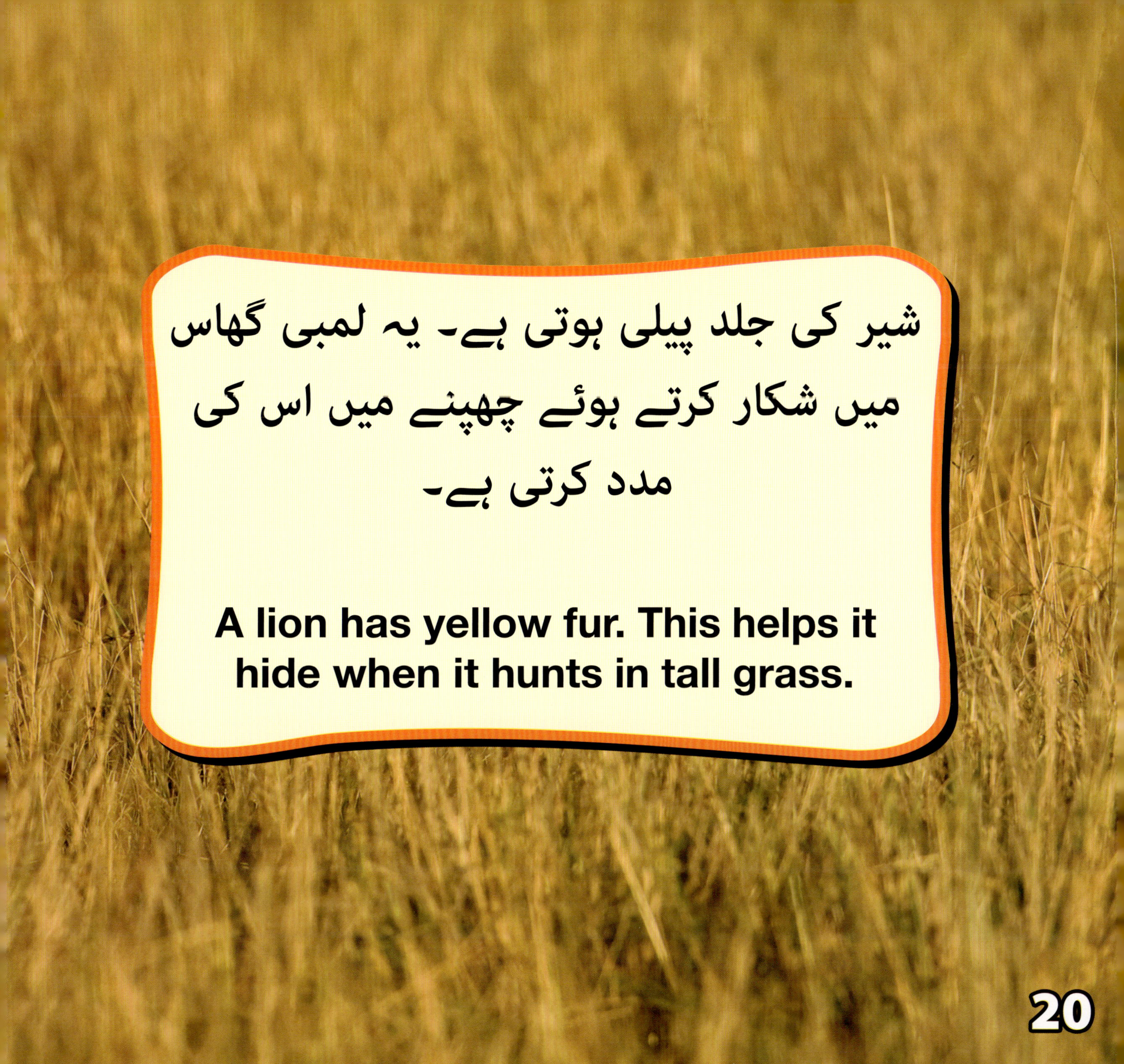
شیر کی جلد پیلی ہوتی ہے۔ یہ لمبی گھاس
میں شکار کرتے ہوئے چھپنے میں اس کی
مدد کرتی ہے۔
A lion has yellow fur. This helps it
hide when it hunts in tall grass.

Animal Colors

is available in 12 more bilingual versions.

Choose your preferred language for a unique reading experience!

Published by Lightbox Learning Inc.
276 5th Avenue, Suite 704 #917
New York, NY 10001
Website: www.openlightbox.com

Library of Congress Control Number: 2024939599

ISBN 979-8-8745-1671-0 (softcover)

Printed in Guangzhou, China
1 2 3 4 5 6 7 8 9 0 28 27 26 25 24

082024
102923

Art Director: Terry Paulhus
Layout: Mandy Christiansen
English Editor: Sara Cucini
Urdu/English Translation: Absolute Translations

The publisher acknowledges Alamy, iStock, and Minden Pictures as the primary image suppliers for this title.